L A   G R A N D E   I M A G E R I E

LA POLICE

W0342336

Conception
Jacques BEAUMONT

Auteur
Christine SAGNIER

Illustrations
Andrea GALLETTI

Avec nos remerciements pour la précieuse collaboration du service photographique du Ministère de l'Intérieur.

FLEURUS

FLEURUS ÉDITIONS, 15-27, rue Moussorgski, 75018 PARIS
www.fleuruseditions.com

HISTORIQUE

La police a connu une longue évolution avant de devenir une grande institution nationale. Longtemps, ce sont des milices, sortes d'armées privées, qui assurent le maintien de l'ordre, arrêtent et punissent les malfaiteurs, quitte à user de la torture. La police, la vraie, naît au XVIIe siècle avec pour mission d'assurer la sécurité de la ville, la maréchaussée, ancêtre de la gendarmerie se chargeant de la campagne. Mais la grande révolution a lieu à la fin du XIXe siècle, lorsque la police s'ouvre aux sciences et aux techniques de son temps.

Sergent d'armes du roi arrêtant un pillard

Au XIIIe siècle

Les villes sont de vrais coupe-gorge. Il ne fait pas bon s'y promener la nuit, malgré les rondes des chevaliers de guet et des milices bourgeoises formées par les citadins pour se défendre. Le jour, les sergents à pied arrêtent les voleurs, confisquent les armes, sanctionnent ceux qui jettent leurs détritus par la fenêtre !

Sous Louis XIV

En 1667, le roi crée le poste de lieutenant de police pour coordonner les divers services d'ordre de la capitale et lutter contre les embouteillages, la saleté, les incendies, les criminels… Le nouveau chef de la police s'entoure de 48 commissaires enquêteurs, 20 inspecteurs, sergents et archers. Sans oublier des observateurs discrets qui espionnent et dénoncent les malfaiteurs.

Arquebusier au XVIe siècle

Au Moyen Âge

Le roi n'a pas les moyens d'assurer la sécurité dans tout le royaume. Aussi, les seigneurs et les gens d'église s'organisent pour combattre voleurs, pilleurs et criminels. Tout-puissants sur leur domaine, ils ont le droit de désigner un coupable, de l'arrêter et de le punir. Les condamnés sont pendus, décapités ou écartelés devant la foule et exposés sur les places publiques.

Au temps de la Révolution

En 1789, la Révolution éclate, le roi est déchu et la police réorganisée. À Paris, une garde nationale formée de citoyens volontaires veille au retou au calme. La ville est divisée en 48 quartiers, avec à la tête de chacun un commissaire élu pour 2 ans par les citoyens. Des officiers de paix sont sous ses ordres. Ce modèle parisien est copié en province.

GENDARMERIE

SECURITE CIVILE

GROUPE D'INTERVENTION
GIPN
POLICE NATIONALE

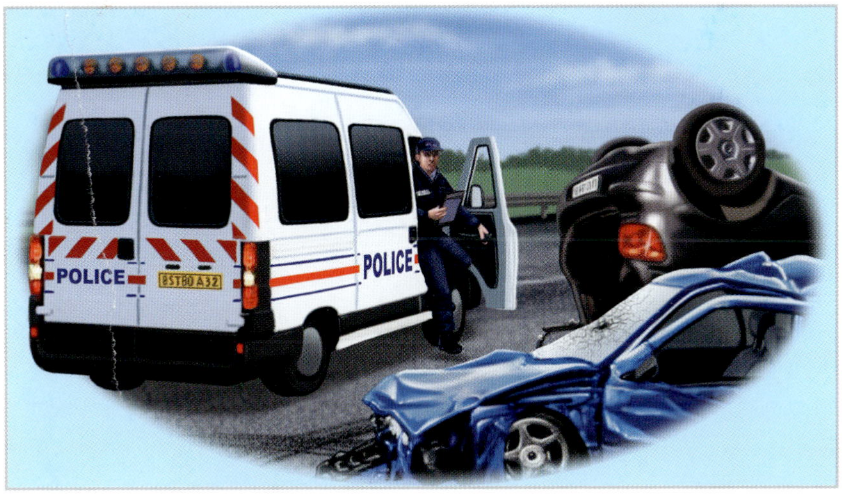
POLICE
POLICE

OFFICE CENTRAL POUR LA REPRESSION DU BANDITISME
BRI
BAYONNE

POLICE NATIONALE
LYON
BAC
BRIGADE ANTI CRIMINALITE

Anti-Terroriste

Gardien de la paix
Brigadier
Brigadier-chef
Brigadier major
Capitaine
Commandant
Commissaire

POLICE NATIONALE
RAID

OFFICE CENTRAL DE LUTTE CONTRE LE TRAFIC DES BIENS CULTURELS
DCPJ 1975 OCRVOOA

BRIGADE DE REPRESSION DU BANDITISME
BRB
PARIS

Intervention de la Compagnie
républicaine de sécurité (CRS)
en montagne

Gendarmes contrôlant
la vitesse des automobilistes

Écusson
de la BRI
de Bayonne

Intervention de Police secours

Écusson
du GIPN

Écusson
de l'UCLAT

Écusson
de la BAC
de Lyon

Écusson
de l'OCBC

Grades
de la Police
nationale

Gardiens de la paix

Écusson
du RAID

Paire
de menottes

Écusson
de la BRB

Sous l'Empire

Napoléon Bonaparte veut reprendre les rênes de la police. Le gouvernement désigne des commissaires qu'il installe dans les villes de plus de 5 000 habitants, avec un commissaire supplémentaire par tranche de 10 000 habitants, bourgs et campagne étant sous la surveillance des gendarmes. Ces commissaires sont placés sous l'autorité d'un préfet nommé dans chaque département pour y diriger la police. Vu son passé agité, Paris a sa propre préfecture.

Évolution du costume du gardien de la paix entre 1829 et 1894

Dans les années 1880, Alphonse Bertillon met au point un fichage génial fondé sur les mesures osseuses, précisant la taille, le buste, la longueur des pieds de tout individu passé devant la police.

Au début du XXe siècle

Les bandes de malfaiteurs filent à bord de voitures sous le nez des policiers, qui n'ont aucun véhicule pour les prendre en chasse, excepté les vélos. En 1907, Clemenceau, ministre de l'Intérieur, surnommé le Tigre, décide de créer une police aussi bien équipée que les criminels : 12 brigades mobiles sont formées et dotées de voitures en 1910.

Ces brigades motorisées sont surnommées les Brigades du Tigre.

Vers une Police nationale

C'est pendant la Seconde Guerre mondiale, après la défaite de la France face à l'armée allemande, que naît la Police nationale. Le gouvernement du maréchal Pétain renvoie la moitié des préfets et des commissaires. Désormais, les policiers sont recrutés par concours. Dès lors, tous les services sont sous l'autorité de la Direction générale de la Police nationale, sauf la préfecture de Paris, qui conserve son statut particulier et dépend directement du ministère de l'Intérieur.

À Paris, en 1947, les agents de police à bicyclette sont surnommés les hirondelles.

LA POLICE NATIONALE

112 000 hommes et 36 000 femmes font respecter la loi et protègent les citoyens. Les policiers de la Sécurité publique veillent jour et nuit à la sûreté de tous en ville ; la Police judiciaire lutte contre les trafics d'armes et de drogue et enquête sur les meurtres ; les Renseignements Intérieurs sont « les yeux et les oreilles » du gouvernement, toujours à l'affût pour recueillir des informations concernant le pays ; le Service de protection des hautes personnalités protège les présidents et les ministres.

Gardien de la paix

Brigadier

Brigadier-chef

Brigadier major

Capitaine

Commandant

Commissaire

Des grades comme les militaires

Quel que soit le service dans lequel ils travaillent, qu'ils exercent en tenue ou en civil, les policiers ont tous un grade, c'est-à-dire un rang. Au cours de leur carrière, ils peuvent suivre des formations, passer des examens pour accroître leurs responsabilités et accéder à un échelon supérieur. Il y a d'abord le gardien de la paix, qui peut devenir brigadier, brigadier-chef et major. Puis l'officier de police, qui dirige les gardiens de la paix : lieutenant à sa sortie de l'école, il devient capitaine, puis commandant. Vient ensuite le commissaire, qui, après une formation de deux ans, est à la tête d'un commissariat, d'une école de police ou d'un service de Police judiciaire.

Pas d'action pour tous

Tous les policiers ne vont pas sur le terrain. Le commissaire est un chef d'entreprise. Il dirige l'ensemble du personnel du commissariat et coordonne le travail des officiers de police. C'est à lui qu'ils feront, par exemple, la demande du soutien d'une compagnie républicaine de sécurité (CRS). Il s'entretient régulièrement avec le maire ou le préfet et ne sort que pour les grosses affaires. L'officier de police est davantage dans l'action. À la Police judiciaire, par exemple, il participe aux planques (se cacher pour observer quelqu'un sans qu'il le sache), aux filatures (suivre quelqu'un à son insu) et décide de la garde à vue d'un suspect (le garder 24 heures au commissariat).

Le gardien de la paix peut, selon son service, régler la circulation, décrypter des écoutes téléphoniques, piloter un bateau, secourir des alpinistes en détresse...

Les règles du métier

Il existe un règlement, appelé code déontologique, qui décrit les devoirs du policier, la manière dont il doit exercer son métier et se comporter même en dehors de son service, car il est censé être un exemple pour tous. Ce code précise qu'il doit être loyal envers la France et ses institutions, respecter tout le monde sans distinction, ne pas faire subir de violences aux personnes arrêtées. Policier 24 heures sur 24, il doit porter assistance à ceux qui sont en danger, même quand il ne travaille pas.

La Police des polices

Si un policier est suspecté de n'avoir pas suivi le règlement, il risque des sanctions disciplinaires et même d'être poursuivi en justice. Ce sont ses confrères de l'Inspection générale de la Police nationale (IGPN) qui mènent l'enquête. Un policier ne peut faire usage de son arme qu'en cas de légitime défense pour se protéger ou protéger autrui. S'il ouvre le feu au cours d'une mission, il doit remettre son pistolet à un supérieur une fois l'intervention terminée, pour répondre ensuite aux questions de l'IGPN, qui va éclaircir les circonstances du tir et établir son éventuelle responsabilité.

Ces gendarmes contôlent la vitesse des automobilistes.

Le policier municipal peut dresser des contraventions pour mauvais stationnement comme pour non-respect du code de la route. Dans certains cas, il effectue des contrôles d'alcoolémie et relève même l'identité d'un individu, mais uniquement s'il vient de commettre un délit, comme griller un feu rouge.

D'autres forces de sécurité

Le gendarme, qui est un militaire, dépend du ministère de la Défense, alors que le policier dépend du ministère de l'Intérieur. Tous deux ont les mêmes missions, mais le gendarme opère essentiellement hors des villes, qui sont la chasse gardée du policier. Il ne faut pas confondre le policier national avec le policier municipal, recruté par le maire pour assurer la sécurité de sa commune et y faire respecter ses décisions. Contrairement aux gendarmes et aux policiers, le policier municipal ne peut pas mener d'enquêtes.

Un métier à risque

Être policier est un métier difficile. Il faut être solide pour faire face à la violence au quotidien, faire preuve de sang-froid pour analyser les situations dans l'urgence et ne mettre personne en danger, lors d'une interpellation violente, par exemple.

LES POLICIERS AU QUOTIDIEN

Ils appartiennent à la Sécurité publique, au corps des CRS ou à la Fluviale et font partie de cette police que l'on croise dans la rue, qui fait respecter les règles, dresse les contraventions, reçoit les plaintes dans les commissariats, encadre les manifestations sportives, porte secours aux bateaux en détresse ou surprend le voleur la main dans le sac. Avec environ 1 700 communes, soit 30 millions de Français sous leurs ailes, ces policiers ne manquent pas de travail. Ils patrouillent à pied, à cheval, à vélo, en voiture, en bateau pour assurer la tranquillité de tous.

La Seine a sa police

Lyon mise à part, Paris est la seule ville de France à disposer d'une Brigade fluviale. 70 policiers, tous plongeurs, secouristes et pilotes, composent cette police d'eau prête à intervenir 24 heures sur 24. Leurs missions consistent à contrôler la vitesse des bateaux, secourir les embarcations en détresse, sauver quelqu'un de la noyade, repêcher le couteau lancé par un meurtrier… soit environ 2 200 interventions par an. Parmi les tests à passer pour entrer à la Fluviale, l'un consiste à plonger dans une piscine avec un masque opaque et à retrouver une arme à tâtons. Car telle est l'eau de la Seine : si trouble qu'on n'y voit rien.

Police secours, la police à tout faire

Lorsque survient une bagarre, un accident de la route, un vol dans un magasin, c'est Police secours qu'on appelle en composant le 17. Trois policiers arrivent alors dans un fourgon équipé de cônes de signalisation, de civières, d'une housse à cadavre, de gilets pare-balles, d'un extincteur… Ce sont les premiers à intervenir sur les lieux et ils savent rarement à quoi s'attendre.

La Police équestre

Ce sont 80 policiers et 47 chevaux qui patrouillent en Ile-de-France, dans les espaces verts et en centre-ville. Formés entre l'âge de 4 et 6 ans, les chevaux doivent acquérir une parfaite confiance en leur cavalier pour surmonter leur instinct de fuite, car les policiers doivent pouvoir menotter un individu récalcitrant tout en restant en selle.

À VTT comme à rollers

Rapidité, discrétion, souplesse de déplacement sont les atouts des brigades, qui patrouillent le plus souvent par équipes de trois. Les cyclistes travaillent généralement près des espaces verts, où ils luttent tout spécialement contre le trafic de drogue. À rollers ou à vélo, ils effectuent des contrôles routiers, surveillent la circulation, repèrent les voleurs en pleine action. Tout est question de perspicacité et de forme physique quand il s'agit de sortir de sa voiture un individu peu coopératif, rollers aux pieds, évidemment !

À la mer comme à la montagne

À la fois sportifs chevronnés et secouristes, 210 CRS (Compagnies républicaines de sécurité) réalisent des sauvetages en montagne. La saison bat son plein de mai à octobre, quand affluent les adeptes du VTT ou du parapente... Ils interviennent aussi auprès des skieurs pris dans les avalanches : les équipages (maître et chien) sont déposés ou treuillés sur les lieux par hélicoptère. Dans ces situations d'extrême urgence, rien ne remplace le flair d'un chien.

À moto aussi...

Ils circulent sur des motos marquées « Police ». Ils sont à l'affût des conducteurs irrespectueux du code de la route, des délinquants à scooter qui arrachent le sac d'un piéton. Ils encadrent le transfert de détenus, escortent les convois spéciaux, les ambulances, les personnalités... Et puis il y a ceux que l'on ne repère pas et qui font des filatures sur des motos sans inscription, dites « banalisées ».

Un tandem maître et chien

Ils sont 650 chiens « policiers » à travailler avec leur maître dans une unité canine. Ils entrent à l'« école » entre 10 mois et 2 ans. Ils s'y entraînent de jour comme de nuit avec leur maître. Les chiens plus agressifs, ne craignant pas les coups de feu, s'exercent à neutraliser un individu armé. Les plus joueurs apprennent à trouver de la drogue ou des munitions.

QUI MÈNE L'ENQUÊTE ?

Trafics de drogue, enlèvements, attentats : à la Police judiciaire (PJ), chaque service a sa spécialité. Les enquêteurs traquent les professionnels du crime, qui ignorent les frontières. Spécialistes de la grande délinquance, ils travaillent des mois, voire des années, avant d'élucider une affaire. Héritiers des Brigades du Tigre, leur terrain de chasse n'est pas limité aux frontières d'une ville ou d'une région. Ils sont, en effet, autorisés à poursuivre les voyous à travers tout le pays.

Contre le trafic et l'exploitation des êtres humains

À la sortie d'un supermarché, un homme arrête une femme et lui propose d'acheter un bébé… Ou encore : un couple fait travailler une jeune fille 18 heures par jour. Cuisine, ménage, courses : elle fait tout et ne gagne rien ou presque. C'est la Brigade de répression du proxénétisme (BRP) qui s'occupe de telles affaires, tout comme elle est chargée de mettre la main sur ceux qui, souvent depuis un autre pays, obligent des femmes à se prostituer sous peine d'être battues ou torturées. Planques et filatures ne suffisent pas. Les policiers doivent nouer des liens avec les prostituées pour en savoir plus sur le réseau.

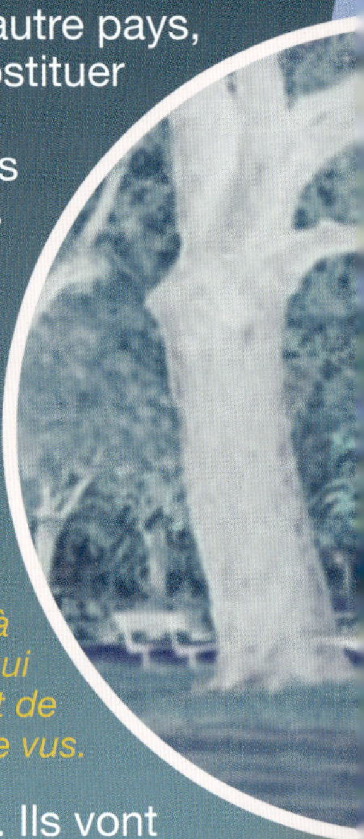

Pour pouvoir surprendre des malfaiteurs, même la nuit, les policiers utilisent des jumelles à vision nocturne qui leur permettent de voir sans être vus.

Braquages, enlèvements…

Des hommes cagoulés font voler en éclats la vitrine d'une bijouterie. En un temps record, la boutique est pillée et le gang envolé. C'est la Brigade de répression du banditisme (BRB) qui va intervenir. On fait également appel à elle quand une personne est enlevée ou qu'un fourgon blindé est attaqué... Si un véhicule a été abandonné sur le lieu du délit, la BRB va essayer de relever des indices sur les gangsters. Ils vont décortiquer la liste des communications téléphoniques passées dans le secteur autour de l'heure du délit. Parfois aussi, un informateur (ou indic) les prévient d'un projet de braquage. Mais jamais ils ne tentent d'arrêter les malfaiteurs en pleine action : le risque est trop grand. Ils les interpellent après, une fois la tension retombée.

Les policiers de l'art

Trois tableaux ont disparu dans un château. Pour l'Office central de lutte contre le trafic des biens culturels (OCBC), la chasse au trésor débute. Et l'ouvrage ne manque pas à cette trentaine de policiers et gendarmes qui ont suivi une formation artistique approfondie. Aussi travaillent-ils conjointement avec la Brigade de répression du banditisme. Pour que la traque commence, il faut la description d'un voleur, une trace… En plus de filer les voyous et d'écouter leurs conversations téléphoniques, l'OCBC possède une arme très spéciale : le fichier électronique « Treima », qui contient les descriptions et photos de près de 80 000 objets volés. Un clic, et une œuvre découverte chez un marchand douteux peut être identifiée, à condition qu'elle soit vraiment caractéristique ou porte une signature.

L'Antigang

Il y a une prise d'otages dans un magasin. Après des heures de négociations, c'est la Brigade de recherche et d'intervention (BRI) qui va maîtriser l'individu. Police de terrain spécialement entraînée, elle apporte son soutien aux différents groupes d'enquête de la PJ pour des opérations de surveillance, de filature ou d'arrestation d'individus dangereux et mène aussi ses propres enquêtes. Enfin, elle recherche et archive tous les renseignements concernant le banditisme. Son équipement est en rapport avec ses missions : minicaméras à glisser à travers une serrure, micros permettant d'écouter une conversation à distance, lunettes à vision nocturne… Ils peuvent aussi être amenés à « bricoler » des appareils pour les adapter à leurs besoins.

La Brigade antiterroriste

Les renseignements qui arrivent à la Brigade antiterroriste ont pour la plupart déjà été contrôlés par l'Unité de coordination de la lutte antiterroriste (UCLAT). Ils proviennent à l'origine des Renseignements intérieurs, d'un policier en poste dans une ambassade à l'étranger, ou encore d'un quelconque citoyen… Ici, l'impératif est de mettre la main sur les criminels avant qu'ils passent à l'action. Pour cela, les policiers doivent rassembler le maximum d'éléments qui démontrent la réalité de la menace. Commencent donc des jours et des nuits d'écoutes, des heures de surveillance, car il faut déterminer le lieu et le jour prévus de l'attentat. Ces opérations, qui nécessitent un matériel hautement sophistiqué, sont prises en main par les hommes du RAID, tout comme les arrestations lorsqu'elles sont jugées plus dangereuses qu'à l'accoutumée.

À l'aide d'une minicaméra qu'ils glissent sous la porte, ces hommes du RAID explorent la pièce dans laquelle ils vont intervenir.

La Brigade de protection des mineurs

La Brigade de protection des mineurs s'occupe des enfants victimes de violences, de maltraitance, d'agressions sexuelles, de manque de soins… À Paris elle dépend de la Police judiciaire, en province de la Sécurité publique, mais partout le travail est le même. Les hommes de la Brigade vont interroger l'enfant, les parents, les témoins et toutes les personnes susceptibles de faire avancer l'enquête pour permettre l'arrestation de l'agresseur.

La « Crim »

Un meurtre vient de se produire dans le métro parisien. C'est la « Crim » du 36, Quai des Orfèvres, la plus célèbre de toutes les brigades criminelles de France, qui est appelée sur les lieux pour résoudre l'énigme, comme elle peut l'être en cas d'enlèvement ou d'attentat par explosif. La Crim, ce sont des spécialistes du meurtre et de l'assassinat (meurtre prémédité). Pour ces hommes, le crime parfait n'existe pas, ils n'abandonnent jamais.

La Brigade des stupéfiants s'apprête à contrôler un voilier suspect.

Les « Stups »

Pour la Brigade des stupéfiants, le travail consiste à vérifier le renseignement en surveillant de longues heures les personnes désignées, en suivant leurs déplacements… Un policier peut s'infiltrer parmi les trafiquants pour leur fournir un entrepôt, un téléphone portable, ouvrir un compte en banque, par exemple. Car l'important pour les « Stups » n'est pas d'arrêter les petits revendeurs, mais de remonter jusqu'à la source, souvent dans un autre pays, et de faire tomber l'ensemble du réseau.

Les cyberpoliciers

Pas facile pour une poignée de policiers de mettre la main sur un cyberpirate qui peut en quelques clics voler des centaines de codes de cartes bancaires, paralyser des milliers d'ordinateurs, dérober à une entreprise des informations confidentielles pour les revendre... Armés d'un ordinateur et d'une ligne téléphonique, les cyberpoliciers patrouillent à partir de leurs bureaux, s'infiltrant dans les groupes de discussion pour repérer un individu tentant, par exemple, de vendre de la marchandise illégale. Avec la collaboration du fournisseur d'accès (société qui fournit la connexion à Internet), les policiers peuvent identifier une personne suspecte, puis la mettre sous surveillance afin de découvrir ses clients, l'importance du trafic, et procéder à une arrestation. Mais la tâche n'est pas toujours aussi simple, les pirates volant sans peine l'identité d'autres utilisateurs

Chaque fois que l'on tape le code de sa carte bancaire, il faut se méfier des regards indiscrets ou même des caméras cachées par des malfaiteurs sur tous les lieux d'utilisation des cartes.

ARMES ET ÉQUIPEMENT

Malgré des progrès considérables, la police tarde parfois à se doter du matériel à la hauteur de ses missions. Certes, les commissariats sont équipés d'ordinateurs, mais la pose des scellés se fait toujours avec de la cire liquide qui brûle les doigts. Une grande révolution a eu lieu dans le domaine de la communication, mais, du côté de l'équipement lourd, les hélicoptères et les voitures rapides manquent cruellement. En revanche, des armes dites dissuasives sont apparues aux côtés des armes traditionnelles.

La tenue NRBC

Les hommes du RAID (voir p. 18-19) et du GIPN impressionnent par leur équipement, hautement résistant à la fois au feu, aux balles, aux frictions et à l'humidité : gilet pare-balles, protection des mains, des coudes et des genoux, casque en Kevlar avec une visière épaisse capable d'arrêter les balles et gilet tactique permettant d'avoir à portée de main une radio. En cas de menace nucléaire, radiologique, chimique ou biologique, les policiers du RAID sont équipés de combinaisons étanches, de masques permettant de respirer en milieu contaminé, ainsi que d'armes utilisables sans risque d'explosion en milieu inflammable.

Armes individuelles

Un pistolet automatique Sig Sauer (SP 2022) équipe tous les policiers de France. Les hommes doivent s'exercer au tir au moins trois fois par an, et plusieurs fois par semaine pour les hommes des brigades spécialisées.

La tenue du CRS

Environ 11 kg, c'est le poids de l'équipement d'un CRS en service. Sur sa tenue bleu marine traitée pour résister au feu, il revêt des jambières qui le protègent des tibias jusqu'aux genoux. Vient ensuite un plastron pare-coups, surnommé « Robocop », muni d'épaulettes articulées en plastique. Des manchons lui recouvrent les avant-bras. À cela s'ajoute un casque muni d'une visière pare-balles et d'une protection autour du cou qui empêche qu'un liquide ne coule dans le dos. Un bouclier en Plexiglas, un bâton de police appelé Tonfa, un pistolet et des menottes complètent l'ensemble.

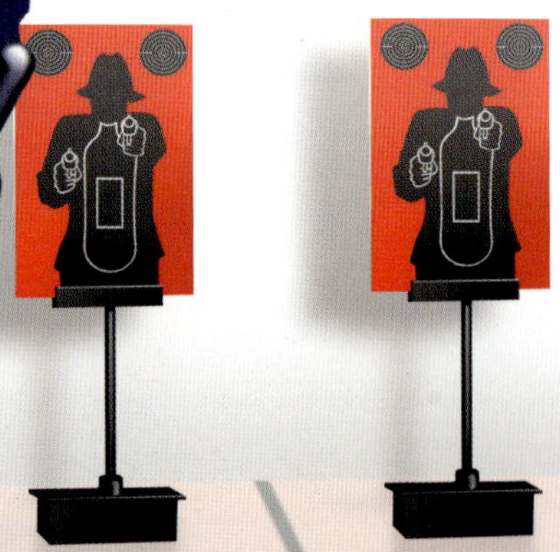

L'usage des armes très puissantes nécessite une autorisation exceptionnelle réservée aux policiers ayant suivi une formation adaptée.

Les gilets pare-balles

Tous les policiers sont censés porter systématiquement un gilet pare-balles : il s'agit d'un gilet court, fait d'un tissage très serré de fibres (comme le Kevlar), capable de protéger le dos et le torse de l'impact d'une balle ou éventuellement d'un coup de couteau. Lors d'interventions particulièrement dangereuses, les policiers des brigades spéciales enfilent des gilets pare-balles plus lourds, constitués de plaques de métal ou de céramique qui les protègent du cou au bassin contre les balles de fusil ou de carabine.

Le réseau ACROPOL

Où qu'ils soient, les policiers ont besoin de pouvoir joindre leurs supérieurs sans que quiconque suive leur conversation. C'est sur un réseau crypté, nommé ACROPOL, qu'est transmis l'ensemble de leurs communications.

Le Flash-Ball

Avec son aspect imposant et la forte détonation que provoque son tir, le Flash-Ball peut impressionner les plus téméraires. L'usage de cette arme dite dissuasive est loin d'être anodin, car l'impact de sa balle en mousse équivaut au coup de poing d'un boxeur professionnel.

Le Taser

Ce pistolet à impulsion électrique permet d'immobiliser un individu sans le blesser. Il envoie dans la peau une sorte de flèche qui propulse une onde électrique bloquant le système nerveux durant quelques secondes. Il est équipé d'une caméra qui filme la scène au moment du tir, afin de justifier de son usage.

FORCES SPÉCIALES D'INTERVENTION

« Dernier recours », le nom que les tireurs du RAID donnent à leur fusil, pourrait être celui du groupe. Appelés pour résoudre une crise quand aucune autre force de police n'y est parvenue, ces spécialistes de l'intervention à haut risque sont bien les hommes de la dernière chance. Préserver la vie, tel est le principe d'action qu'ils partagent avec leurs collègues du GIPN. Rigueur, détermination, adaptation, sang-froid à toute épreuve sont les qualités indispensables à ces policiers de l'extrême comme à ceux de la BAC.

Les tireurs d'élite n'ont pas le droit à l'erreur : à l'entraînement, tous les impacts de balles tirées à 100 m doivent tenir dans une pièce de 2 euros !

Le RAID : Recherche Assistance Intervention Dissuasion

Des malfaiteurs retiennent des otages, une arrestation dangereuse se présente, un procès retentissant se déroule dans un tribunal : le RAID passe à l'action. Il installe des tireurs d'élite sur les toits, il sécurise les abords du tribunal, il envoie des plongeurs inspecter les ponts tout proches. Le RAID assiste aussi le Service de protection des hautes personnalités. Une équipe est entraînée à la recherche et à la surveillance de terroristes.

Des groupes spécialisés superentraînés

Tous les hommes du RAID manient quantité d'armes à feu, sautent en parachute, maîtrisent la boxe et la plongée, mais chacun a une spécialité. Rien n'arrête l'équipe « varappe », entraînée à l'escalade, quand elle pose des micros ou des caméras sur le toit d'un immeuble. Aucun blindage de porte ne résiste au groupe « effraction », qui libère le passage avant l'intervention du groupe d'assaut. Les parachutistes sont capables de se poser à grande vitesse dans une zone hostile, et les plongeurs de s'élancer à l'abordage d'un bateau.

Un soutien sans faille

Que serait le RAID sans les spécialistes chargés de l'équipement et de l'assistance ? Le médecin suit les hommes au cœur de l'action. Les négociateurs évaluent le danger, calment un forcené, parlementent pour libérer des otages. De leur côté, les armuriers réparent, entretiennent, modifient les armes et en essaient de nouvelles, dignes de James Bond.

Les maîtres-chiens et leur compagnon neutralisent un individu.

Les GIPN : Groupes d'intervention de la Police nationale

Répartis sur tout le territoire français, les GIPN, au nombre de 9 unités, interviennent dans les mêmes situations que le RAID, excepté la lutte contre le terrorisme. Ces policiers s'entraînent quotidiennement pour être toujours au meilleur de leur forme. Afin d'approcher au plus près les conditions réelles des missions, ils simulent des assauts dans des maisons désaffectées, des trains, bus, métros… Les tirs, effectués avec des cartouches spéciales, laissent des taches de couleur sur les tenues en cas d'impact, rappelant que le risque zéro n'existe pas.

Au RAID, un groupe (13 hommes de la section intervention, 2 techniciens, un maître-chien, un négociateur et l'indispensable médecin) est en alerte 24 heures sur 24. Ils sont prêts en 30 minutes à partir partout en France. Des véhicules sont toujours opérationnels : le camion d'appui chargé d'éclairages, de forceurs de porte, de boucliers, de munitions, d'armes d'appoint ; le camion blindé qui permet au groupe d'assaut d'approcher au plus près du site en dépit des tirs ; un camion transportant masques et combinaisons en cas de menaces toxiques ; et le véhicule médical pour secourir immédiatement les blessés.

Policiers de terrain, les hommes de la BAC ne craignent pas les interventions musclées, même si une grande partie des arrestations se fait calmement.

La BAC : Brigade anticriminalité

En civil ou en tenue, les policiers de la Brigade anticriminalité sillonnent les rues de jour comme de nuit. À 3 ou 4 dans des voitures souvent banalisées, ils exercent leur flair à la recherche de l'individu louche susceptible de commettre un délit. Si la radio signale une agression, ils filent sur les lieux pour retrouver le coupable. Si une voiture est volée, ils engagent une course-poursuite.

SCÈNE DE CRIME

Ne pas « polluer » le lieu du crime en préservant tous les indices, les repérer scrupuleusement, les photographier, les collecter : tel est l'impératif de la police. Il faut agir avec méthode pour ne rien négliger, tout ce qui est oublié étant à jamais perdu. Car si un témoin peut être réentendu, la scène du crime, elle, se modifie très vite : la victime est évacuée, le sang lavé, la pièce réaménagée… Le procédurier et les hommes de l'Identité judiciaire (IJ), à l'aide de photos, plans et prélèvements, fixent donc à jamais le « décor ».

1 et **2** *Des traces de pas*
3 *Des médicaments*
4 *Des enveloppes*
5 *Une pomme croquée*
6 *Un téléphone portable*
7 *Une bouteille d'alcool*
8 *Des mégots de cigarette*
9 *Des verres usagés*
10 *Une douille*
11 *Une arme*
12 *La victime*
13 *Un ordinateur portable*
14 *Un fauteuil*
15 *Des traces de sang*
16 *Un impact de balle*
17 *Des traces d'effraction*

15

Des rubans adhésifs millimétrés sont collés sur les murs, près des indices.

La « théorie de l'escargot »

Le maître des opérations est le procédurier. Il dirige les trois techniciens de l'IJ. Ensemble, ils effectuent les constatations en partant d'un point éloigné (la porte, par exemple) pour rejoindre le centre (la victime). Le procédurier décrit le quartier, la rue, le jardin, la maison, et ainsi de suite jusqu'au corps. Il note chaque indice en précisant la distance qui le sépare d'un point fixe (portes ou fenêtres, qui ont peu de chances de bouger, à l'inverse d'un meuble) afin de reproduire exactement la même scène lors de la reconstitution du crime.

Tous ceux qui interviennent sur les lieux sont équipés de surchaussures, de gants, d'un masque et d'une combinaison munie d'une capuche, afin de ne pas y déposer d'empreintes, de postillons ou de cheveux.

Préserver les traces

Les outils utilisés pour prélever et contenir les indices sont stériles. Tous les indices sont photographiés à leur place avant d'être emballés. Nom de l'objet ou de la substance, lieu, heure, date du prélèvement sont inscrits sur une étiquette. Le technicien change de gants à chaque prélèvement.

Des réglettes (les « piges ») sont disposées à côté de certains indices pour donner une idée de leur taille.

Au fur et à mesure de leur progression, les policiers placent des numéros (les cavaliers) près des traces pour les mettre en évidence. Un technicien dessine le plan de la maison et indique la disposition des meubles, des indices et du corps. Un autre effectue une multitude de photographies, le troisième se charge des prélèvements.

PLACE AUX EXPERTS

Le premier laboratoire de police a vu le jour à Lyon en 1910. À sa tête, Edmond Locard, un jeune médecin qui, le premier, affirme la nécessité de relever les moindres traces et petits trous découverts sur le lieu du crime, en laissant aux experts le soin de les examiner. Armés de lasers ou de microscopes, ces spécialistes sont passés maîtres dans l'art de faire parler les indices. Un art qui atteint des sommets avec le test ADN utilisé depuis une dizaine d'années pour identifier les personnes.

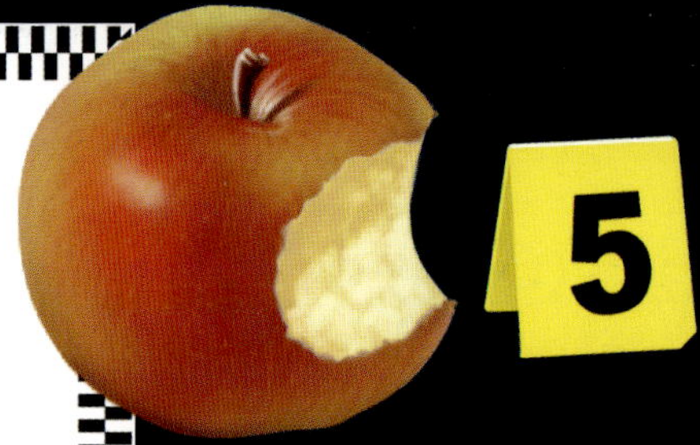

La pomme croquée

La pomme, conservée dans une boîte placée au réfrigérateur, peut trahir le tueur dès lors que la morsure fait clairement apparaître les caractéristiques de ses dents (plombages, dents manquantes…). Une fois le suspect arrêté, sa mâchoire est moulée et comparée à la morsure.

Les empreintes de pas

Photographiées, elles permettent d'identifier un type de chaussures (baskets, mocassins, escarpins…) et une pointure. Lors d'une perquisition chez un suspect, toutes ses chaussures sont examinées pour voir si un modèle correspond aux empreintes. Si c'est le cas, le moulage de l'empreinte permettra de faire apparaître les traces d'usure de la semelle.

Le téléphone et l'ordinateur

En quête de noms, de dates, de mobile du crime, les spécialistes sondent la mémoire du téléphone portable et de l'ordinateur, recherchent les fichiers, les messages, les photos… Ces recherches se révèlent délicates, car souvent des codes bloquent l'accès à certaines informations, qui peuvent être détruites en cas d'intrusion.

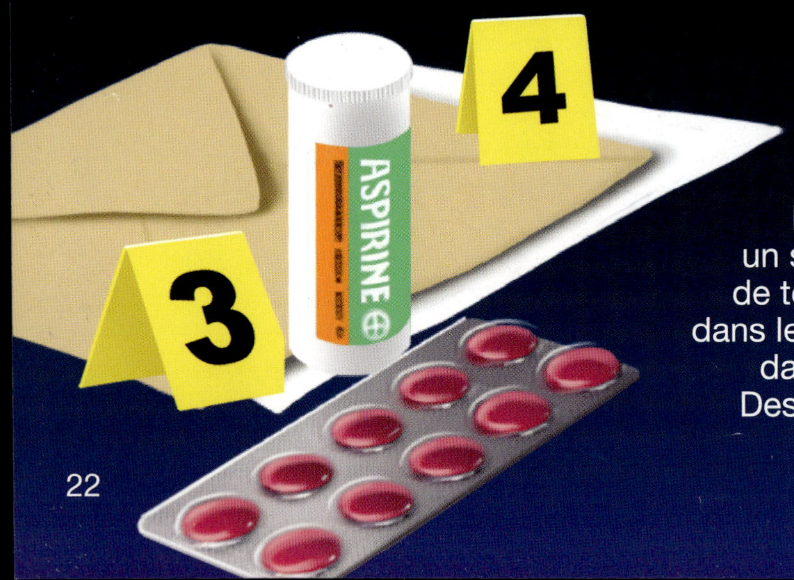

Les médicaments et le contenu des enveloppes

Les médicaments sont glissés dans un sac plastique et envoyés au laboratoire de toxicologie, ainsi que les bocaux stériles dans lesquels des poudres suspectes contenues dans les enveloppes ont été enfermées. Des tests y sont effectués pour déterminer la nature de ces produits.

L'ADN

L'ADN (acide désoxyribonucléique) est la carte d'identité génétique de chaque personne. Elle est unique, ce qui en fait un outil d'identification quasi parfait. Présente dans les chromosomes, cette substance se retrouve dans le sang, l'urine, la salive, les cheveux, les poils… Au laboratoire, l'ADN est extrait des échantillons découverts autour de la victime (sang, poils, mégots...), puis analysé. Des tests sont également pratiqués sur la victime et le suspect. Tous les résultats sont ensuite comparés : la présence de l'ADN du suspect sur le lieu du crime confirme son lien avec la victime, son absence l'innocente. Les policiers consultent aussi le fichier informatisé des empreintes génétiques (FNAEG) où sont déjà inscrites les « identités génétiques » de 700 000 individus, car toute personne mêlée à une infraction subit un test.

Les mégots de cigarette

Une fois analysée, la salive qui se trouve sur les mégots de cigarette peut permettre d'identifier les personnes présentes sur le lieu du crime.

Une signature au bout des doigts

Les empreintes digitales sont les petits sillons en forme de courbe et de boucle présents au bout des doigts. Chaque individu a son propre dessin. En touchant un objet, les criminels « signent » leur passage. Mais ces empreintes se révèlent souvent imparfaites. On parle alors de traces papillaires.

L'empreinte digitale peut être directement numérisée à l'aide d'un bloc optique et d'un ordinateur.

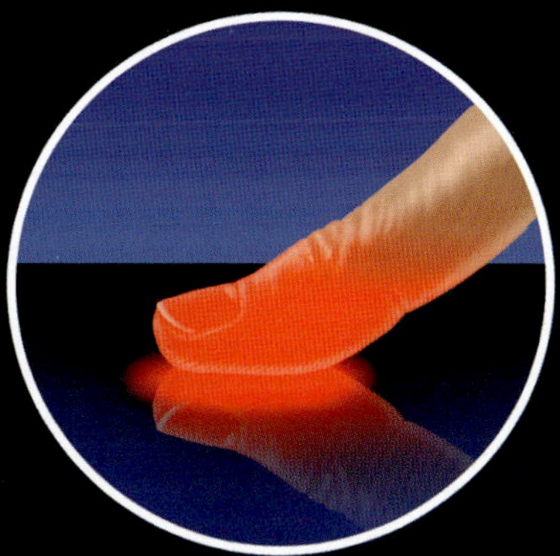

L'identification par l'empreinte

Une fois les empreintes relevées, les policiers interrogent le fichier informatique des empreintes digitales (FAED), qui répertorie plus de 2 millions de personnes impliquées dans des délits. En quelques minutes, ils vont savoir si les traces papillaires découvertes lors de l'enquête sont celles d'un individu déjà fiché.

La bouteille et les verres usagés

Les enquêteurs utilisent un pinceau et de la poudre pour relever les empreintes sur les verres et la bouteille. En s'accrochant aux surfaces grasses, la poudre révèle des traces de doigts. Un ruban adhésif est plaqué contre les traces, qui s'y impriment, puis est collé sur une feuille plastifiée transparente et déposé dans une enveloppe.

L’arme et la douille

Le revolver découvert à côté de la victime n’est pas toujours l’arme du crime, de même que son propriétaire n’est pas systématiquement l’assassin. Souvent, le tueur emporte son arme. Seuls les vrais professionnels du crime récupèrent les douilles, car elles aident à reconstituer la trajectoire de la balle et la position du tireur, ainsi qu’à identifier l’arme qui a tiré. En effet, chaque arme laisse son empreinte sur les munitions. Ces marques permettent un rapprochement avec une arme trouvée chez un suspect. Un expert fait un test : il charge l’arme saisie avec des munitions identiques à celles ramassées sur les lieux du crime et tire dans un caisson rempli de fibres de Kevlar. Stries et rayures de la balle test sont comparées au microscope à celles de la pièce à conviction. Si elles concordent, c’est que les deux balles ont été tirées par la même arme.

L’autopsie de la victime

L’autopsie (examen externe et interne qui vise à établir les causes de la mort) a lieu le lendemain de la découverte du corps, à la morgue ou à l’institut médico-légal, en présence d’un officier de police judiciaire et d’un photographe. Le médecin légiste explore le cadavre : à l’aide d’un bâtonnet en bois, il récupère d’éventuels fragments de peau coincés sous les ongles qui pourraient révéler l’ADN du tueur.

Connaître l’heure du décès de la victime est capital pour la comparer avec l’emploi du temps du suspect. Certaines observations permettent un calcul approximatif : la peau commence à verdir environ 48 heures après le décès, les muscles se raidissent 1/2 heure à 3 heures après ; la température interne, quant à elle, chute d’environ 0,8 °C toutes les heures…

Cette balle présente des éraflures survenues lors de son passage dans le canon : elle porte l’empreinte de l’arme.

Les cheveux et les poils accrochés aux vêtements de la victime sont saisis avec une pince à épiler et déposés dans un sachet.

Il enlève les vêtements, scrute le corps à la recherche des marques de violence qui révèlent les circonstances du meurtre : la taille de l'orifice d'une balle peut indiquer le type de l'arme (voir ci-dessous, n° 16). Il incise le corps pour prélever des échantillons de foie, de poumon, de cœur qui sont ensuite envoyés dans un laboratoire.

Passé 72 heures, les insectes s'attaquent au cadavre. Des spécialistes vont observer le développement des larves pour établir le jour du décès.

La capture des odeurs

Il est possible de récupérer l'odeur du criminel en posant des compresses recouvertes de papier aluminium, durant une heure, sur le siège où il s'est assis, puis en les enfermant dans un bocal. Celui-ci sera envoyé au laboratoire d'Écully, près de Lyon, où il sera conservé. Une fois arrêté, le suspect tient des linges pendant quinze minutes dans chaque main. Mis en bocaux, ils rejoignent Écully pour être comparés aux compresses. Ce bocal témoin est présenté à un chien qui enregistre l'odeur du suspect. Le chien est ensuite placé devant un alignement de six bocaux, l'un d'eux contenant les compresses relevées sur la scène du crime. S'il reconnaît l'odeur du suspect, il se couche devant. Les bocaux sont déplacés, et l'opération renouvelée avec un ou deux autres chiens.

Les traces de sang

Le sang est difficile à effacer, or les éclaboussures « racontent » le déroulement du drame : les gouttes larges et rondes sur le sol indiquent que le sang a goutté d'une faible hauteur ; de minuscules gouttelettes éparpillées sur un mur montrent qu'il a été projeté très violemment. Une flaque révèle que la victime a survécu un certain temps après l'agression, car la mort arrête l'écoulement du sang… Ces déductions faites, les policiers sauront si la version du suspect est compatible avec les projections laissées sur place.

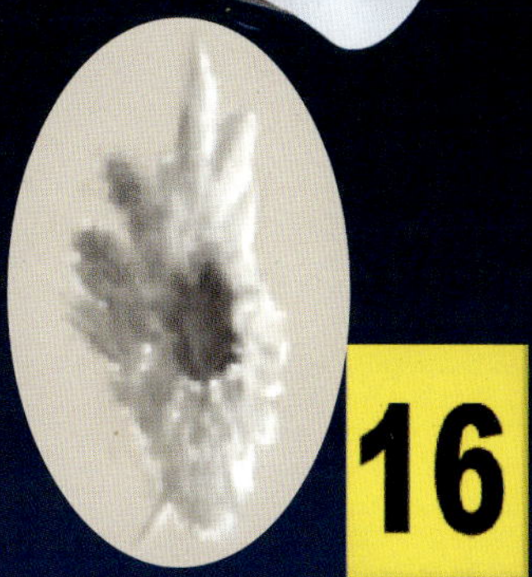

Les traces de balles

La taille de l'orifice d'une balle peut indiquer le calibre de l'arme utilisée, le type de munitions et à quelle distance a eu lieu le tir.

Les traces d'effraction

Les fragments de peinture qui subsistent à l'endroit où la porte a été fracturée sont collectés avec un scalpel et mis à l'abri dans un pot.

SUR LA PISTE DE L'ASSASSIN

Aucune enquête ne se ressemble. Pourtant, toutes se déroulent de la même façon, à quelques différences près. Car les limiers de la Police judiciaire doivent procéder selon des règles précises autorisées par la loi et noter avec minutie chacun de leurs faits et gestes, depuis la découverte du corps jusqu'à l'arrestation de l'auteur. Sous l'œil vigilant de la justice, ils rassemblent des preuves avec le soutien indispensable de la Police scientifique et technique. Méthode, professionnalisme et chance sont la clé de leur succès.

La recherche de témoins

Les enquêteurs s'imprègnent de la scène et emmagasinent le maximum d'informations. La personne qui a découvert la victime est interrogée, mais également les voisins, le gardien de l'immeuble, le postier, pour chercher d'éventuels témoins. Il est impératif de les écouter au plus vite, pour qu'ils n'aient pas le temps d'oublier ou de parler ensemble. La famille de la victime est entendue, ses amis, ses relations professionnelles également. Chacun donne son emploi du temps de la journée.

Ce policier surveille le domicile d'un suspect.

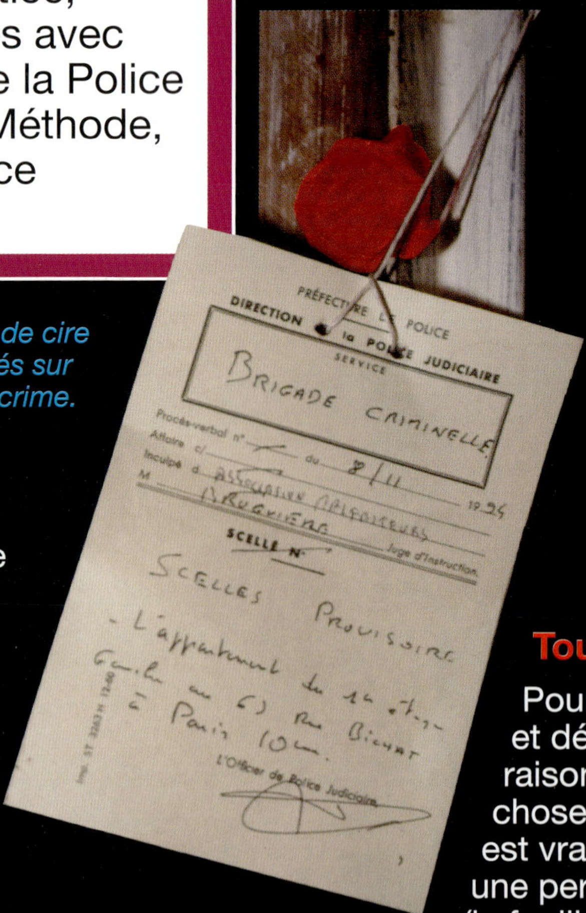

Des cachets de cire sont apposés sur les lieux du crime.

Un travail d'équipe

Avertie d'un homicide, une équipe de la Brigade criminelle part sur les lieux avec les membres de l'Identité judiciaire (IJ). Alors que le procédurier et les techniciens de l'IJ fixent la scène du crime, un autre policier pose les scellés : il appose un cachet de cire pour fermer les divers emballages contenant les indices, de façon que toute manipulation ultérieure soit repérée. Un autre questionne les premiers agents arrivés sur les lieux pour savoir qui est entré sur la scène du crime et ce qu'il y a fait : par exemple, les pompiers qui, en tentant de sauver la victime, ont laissé des empreintes de rangers sur le sol.

Tout connaître de la victime

Pour remonter jusqu'au meurtrier et découvrir son mobile (les raisons de son acte), la première chose à faire est de savoir qui est vraiment le mort. Il faut mener une perquisition à son domicile (le fouiller), reconstituer son emploi du temps le jour de sa mort et la semaine précédente, savoir si un événement particulier est survenu dans sa vie, chercher un changement d'habitudes, de nouvelles rencontres. Impossible de s'en tenir aux déclarations des proches, qui peuvent avoir quelque chose à cacher. Il faut éplucher ses comptes bancaires, leurs dates et lieux, décoder la liste des personnes qu'il a appelées ou qui l'ont joint au téléphone...

Quand l'assassin se profile…

Après toutes les investigations et les résultats du médecin légiste et des laboratoires, un suspect se profile. Les policiers vérifient alors leurs hypothèses, leur travail consistant aussi bien à disculper l'innocent qu'à démasquer le coupable. Ils placent le suspect sur écoutes et interceptent ses mails. D'autres planquent devant chez lui dans un « sous-marin » ou un « pigeonnier » pour observer ses faits et gestes. Un indic peut être rémunéré en échange d'informations.

Si quelqu'un a vu l'assassin, un portrait-robot est dressé par ordinateur. Les caractéristiques décrites (cheveux blonds, yeux verts, grand nez...) sont assemblées telles les pièces d'un puzzle.

Une paire de menottes

Lorsqu'un suspect est arrêté, les enquêteurs demandent aux témoins de venir l'identifier : c'est ce qu'on appelle le tapissage. À l'abri derrière une vitre sans tain, à travers laquelle il voit sans être vu, le témoin fait face à un groupe d'individus parmi lesquels se trouve le suspect. À lui de le désigner en notant un ou plusieurs numéros.

Garde à vue

Dès lors qu'une multitude d'éléments désigne un même individu, les policiers procèdent à son arrestation. Arrivés en surnombre à son domicile, ils profitent de l'effet de surprise pour l'interpeller. Vient alors la garde à vue : les policiers n'ont que 24 à 48 heures pour faire parler le suspect, fouiller son domicile et sceller des pièces à conviction.

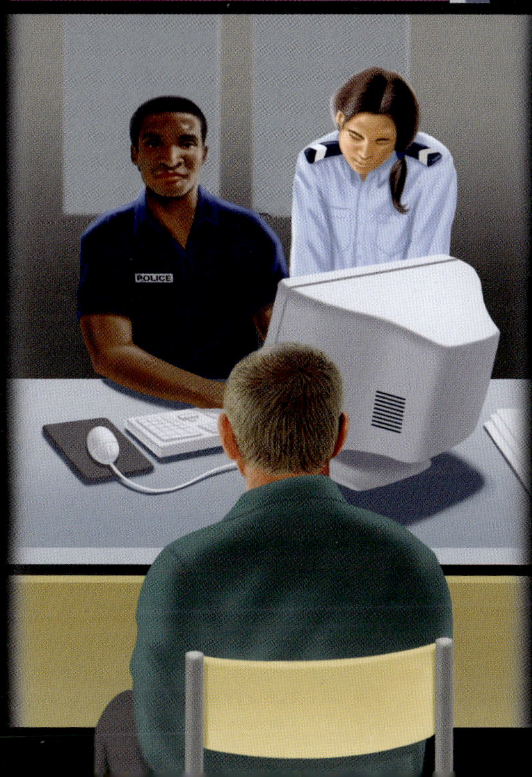

L'aveu

Pour amener le suspect à avouer, l'enquêteur crée une relation de confiance. Il le fait parler, sans l'interrompre quand il ment, et petit à petit lui demande de s'expliquer sur les différents indices qui l'accusent, le plus important pour les policiers étant de prouver la responsabilité du coupable. Mais l'aveu n'est pas « la reine des preuves », certains suspects avouant des crimes qu'ils n'ont pas commis.

TABLE DES MATIÈRES

MDS : 660404
ISBN : 978-2-215-08869-1
© Groupe FLEURUS, 2008
Dépôt légal à la date de parution.
Conforme à la loi n° 49-956 du 16 juillet 1949
sur les publications destinées à la jeunesse.
Imprimé en Italie (01-18)

RAID

POLICE
POLICE

POLICE
POLICE
191297
191297
OLMO
I

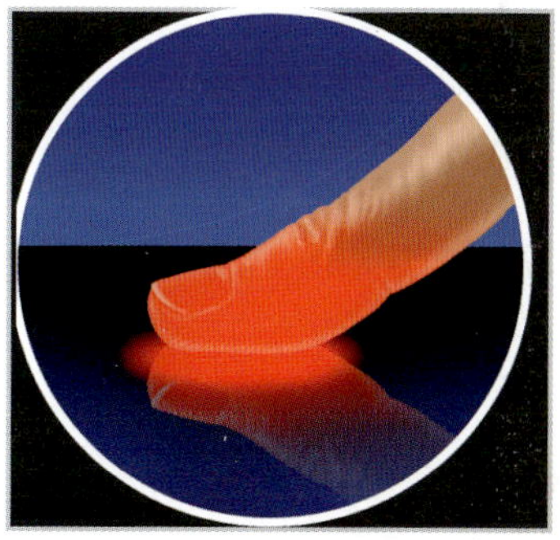

Tireur d'élite du RAID

Stand de tir

Intervention de la Brigade de recherche et d'intervention (BRI)

Tenue contre les menaces nucléaires, radiologiques, chimiques et biologiques (NRBC)

Tenue de la Compagnie républicaine de sécurité (CRS)

Numérisation d'une empreinte digitale

ADN

Intervention de la Brigade de répression du banditisme (BRB)

Recherche d'odeurs par un chien spécialisé

Intervention de la Brigade des stupéfiants